백운학의 관상도감

이런 여자를 만나야
잘 살 수 있다

저자: 백운학
그림: 박형일

지식서관

● 머 리 말 ●

관상觀相은 육체적인 유전이나 환경에서 오는, 심리상태를 나타내고 있습니다. 운명적인 어두운 그늘이나, 밝은 모습을 확연하게 알아볼 수 있으므로, 관상을 제대로만 볼 수 있다면, 먼저 자신을 알고 상대를 알 수 있으므로 대인관계도 원만해집니다. 뿐만 아니라 기회를 놓치지 않고 찬스를 살릴 수 있으므로 실패하거나 후회하는 일도 별로 없을 것입니다.

또 결혼상대를 고를 때나, 직장에서의 대인관계나 사람을 고용할 때 어떠한 얼굴이 애정이 깊은 사람이고 신뢰할 수 있는 사람인지를 알 수 있으면 참 편리하겠지요.

본인은 가끔 이런 질문을 받게 됩니다. "성형 수술을 하면 운세가 좋아질까?"라고. 이런 의문은 거의 모든 사람이 가지고 있을 것입니다.

자신이 늘 가지고 있던 불만으로 얼굴의 표정에 나타나는 것이 얼굴의 빛이며, 관상을 볼 때 맨 처음 느끼는 입니다. 그러나 그 불만이 사라져 자신감을 갖게 된다면 사회 생활을 하는 자신에게는 이제는 불만이 없고 자신이 넘쳐 어떤 일을 하든 잘 풀릴 것입니다.

그러나 주의하지 않으면 안될 것이 있는데, 한 곳의 특징만으로 결론을 내려서는 안 된다는 것입니다. 예를 들면, 나쁜 눈의 소유자라도, 복스러운 볼을 갖고 있다면, 남을 배려하는 따뜻한 마음이 있고, 넓고 빛나는 이마의 소유자라도, 콧대가 구부러져 있

으면, 천부의 지력을 그릇된 일에 사용할지도
모르는 것입니다.

입지전적인 인물로 꼽히는 정주영씨의 얼굴은,
결코 복상이라고는 할 수 없는 턱을 가지고 있지만, 그것
을 보충하는 수많은 양상을 지니고 있기 때문에 기적 같은
성공을 이룬 것입니다.

어느 한곳도 결점이 없는 완전무결한 얼굴은 있을 수 없
으므로, 자신의 얼굴에 약간의 나쁜 상이 있다고 해서 비
관하지 맙시다. 반드시 그것을 수정하는 좋은 상이 있을
것이므로, 그것을 찾아내면 됩니다. 다시 말하면 좋은 상
이라고 자만하지 말 것이며, 나쁜 상이라고 비관하는 것보
다는 그것을 전화 위복으로 삼고 적극적으로 고쳐나가려
고 노력하면 어느 순간에 자신이 좋은 상으로 변해 있는
것을 알게 됩니다.

관상은 자기 자신이 스스로 만들어 나갈 수 있다는 것을
명심하도록 합시다. 좋은 상을 가진 사람이 오히려 어렵게
생활하고 있는 경우가 많은데, 바로 자만하여 노력을 하지
않았기 때문입니다.

이 책에서는 여러 가지 특징을 올컬러로 생생하게 묘사
해 놓았으며 학습의 극대화를 위해 다소 과장된 표현도 있
습니다. 당신의 주위 사람들 중에, 비슷한 얼굴 모습을 한
사람이 몇이나 있을까요? 그림을 보고 즐기면서 관상 공부
를 해 보세요.

著者 백 운 학

차 례

● **관상의 기초 지식** ·················· 7

관상이 무엇인가를 알자 8
　얼굴은 마음의 거울 8
　　얼굴 표정과 관상 9
　　　얼굴 모양이 나타내는 의미 10
　　　눈 모양이 나타내는 의미 11
　　　코 모양이 나타내는 의미 13
　　　이마 모양이 나타내는 의미 14
　　　볼 모양이 나타내는 의미 16
　　턱 모양이 나타내는 의미 17
　　입 모양이 나타내는 의미 18
눈썹 모양이 나타내는 의미 20
귀 모양이 나타내는 의미 22
머리 모양이 나타내는 의미 23

● **관상의 실제** ·················· 25

경영에 성공하는 상 26
경영에 실패하는 상 28
유능한 사원의 상 30   무능한 사원의 상 32
　　돈이 넉넉한 상 34   돈이 새는 상 36
　　출세하는 남성의 상 38   출세하는 여성의 상 40
　　주식에 강한 상 42
　　유흥업소로 성공할 상 44
　　장사로 성공할 상 46
　　출세하기 힘든 상 48
　　사업으로 성공할 상 50
　　문필가의 상 52

연구가의 상 54   예술가의 상 56
교육가·종교가의 상 58   정치가의 상 60
샐러리맨의 상 62
사무계통 종사자의 상 64
기술계통 종사자의 상 66   스포츠맨의 상 68
텔런트의 상 70
수전노의 상 72   직장 상사의 상 74
남을 괴롭히기 좋아하는 사람 76
일찍 결혼하는 상 78   늦게 결혼하는 상 80
연애 결혼하는 상 82   중매로 결혼할 상 84
이혼할 남자의 상 86   이혼할 여자의 상 88
자격 미달 남편의 상 90   나쁜 아내의 상 92
바람둥이 남자의 상 94   바람기 있는 여자 96
독선적인 남편의 상 98   여인천하 100
좋은 남편의 상 102   좋은 아내의 상 104
맞선 때의 중요 포인트(남자 편에서) 106
맞선 때의 중요 포인트(여자 편에서) 108
폭력 남편의 상 110
무능한 남자의 상 112
남자에게 잘 속는 여자의 상 114
독신녀의 상 116
성적 매력의 소유자 118
변태의 상 122
질투를 잘 하는 상 124
자식운을 보는 상 126
부모·형제에 관한 상 128
고지식한 상 130
질병이나 부상당할 상 132
장수하는 상 134

성인병에 조심해야 할 상 136
대기만성형의 상 138
관상으로 보는 성격 140
도량을 보는 상 142
협조성을 보는 상 144
까다로운 상 146
정직하고 성실한 상 148
낭만주의자의 상 150
신경질이 많은 상 152
히스테리를 잘 부리는 상 154
성급한 상 156
의지가 강한 상 158
용기가 있는 상 160
인정이 많은 상 162
재난을 당할 상 164
범죄자의 상 166
거짓말쟁이의 상 168
금전 운이 트이는 상 170
금전 운이 쇠퇴하는 상 172
운이 상승하는 상 174
운이 점점 나빠지는 상 176
●점으로 보는 운세 178

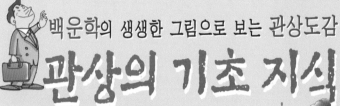

백운학의 생생한 그림으로 보는 관상도감

관상의 기초 지식

관상이 무엇인가를 알자

●얼굴은 마음의 거울

사람의 몸 가운데에서 얼굴만큼 마음의 움직임을 잘 나타내는 곳은 없다.

옛날부터 얼굴은 마음의 거울이란 말이 있듯이, 마음이 아름다운 사람은 얼굴도 아름답고, 마음이 비뚤어져 있으면 그것이 얼굴에 나타난다.

얼굴은 마음의 거울.

관상과 인물 : 얼굴에 나타나는 마음의 움직임이나 얼굴에 있는 여러 가지 표시를 바탕으로, 그 사람의 성격이나 운세를 점치는 것이 관상이다.

마음의 상태를 본다 : 아무리 얼굴 모습(흔히 인물)이 아름답게 태어난 사람이라도 마음이 악하면 흉상(보기 흉한 모습)으로 나타내고, 타고난 얼굴 모습이 그다지 아름답지 못한 사람이라도, 마음이 아름다우면 길상(복을 많이 받는 모습)으로 나타난다.

이와같이 얼굴에 나타나는 마음의 모양을 보고 점치는 것이 관상이다.

●얼굴 표정과 관상

기쁘면 웃는
얼굴이 된다.

표정은 속일 수 있다 : 마음의 상태가 가장 잘 나타나는 것은 얼굴 표정이다. 기쁘면 싱글싱글 웃는 얼굴이 되고, 걱정거리나 슬픈 일이 있으면 쓸쓸하고 힘없는 얼굴이 된다.

그러나 표정은 속일 수 있으므로, 표정만 보고 점치면 틀리는 수가 있다. 그렇지만 얼굴이나 눈이나 코의 모양이나 그 상태는 속일 수 없다.

상태가 모양을 보완한다 : 얼굴이나 눈, 코 등의 모양은 타고난 것이지만, 생기 발랄하다거나 건강하지 못한 색깔을 하고 있다는 등의 상태는 그 사람의 운세에 따라 달라진다.

그러므로 모양으로는 그런대로 좋은 인상인데도, 그 상태로 나쁜 상이 되어 버리는 경우나 그 반대의 경우도 있다.

이처럼 모양과 상태가 나타내는 것이 바로 관상이다.

얼굴에 나타나는 색깔의 의미 : 때에 따라 평소에는 없었던 붉은색, 핑크색, 파란색, 검은색, 흰색 등의 색깔이 얼굴에 나타나는 수가 있다.

그것에는 각각 다음과 같은 의미가 있다.

붉은색 : 분쟁에 말려들거나 심장의 병에 걸리는 표시이다.

핑크색 : 희망이 이루어지는 기쁜 표시.

파란색 : 질병이나 정신석 고통에 빠져들 표시이다.

검정색 : 재난을 만날 표시이다.

흰 색 : 신경을 곤두세워야 할 일이 생긴다는 암시이다.

●얼굴 모양이 나타내는 의미

3가지 타입 : 사람의 얼굴은 개개인이 모두 다르지만, 얼굴 전체의 모양(얼굴의 윤곽 모양)을 크게 분류하면, ①둥근형 ②사각형 ③삼각형의 3가지 타입이 될 것이다.

이것이 얼굴의 기본적인 형인데, 이 중 2가지 또는 3가지가 겹쳐져서 다시 여러 가지 모양이 된다.

둥근 얼굴 : 낙천적이지만 근면한 성격이고, 공평한 판단력과 현실적인 감각을 지니고 있으므로, 사회적으로 성공하지만 환경에 만족하면 대성할 수 없다.

타원형 얼굴 : 명랑하고 적극성이 있으며 돈모으는 데는 소질이 있지만, 계획성이 없다는 것과 타산적이 되기 쉽기 때문에 예상치 않은 실패를 한다.

계란형 얼굴

계란형 얼굴 : 온순한 것 같으면서 약간 차가운 성격이다. 두뇌 회전이 빠르고 재치가 있지만, 너무 타산적이어서 남에게 지탄받는 경우가 있다.

삼각형 얼굴 : 밝고 낙천적인 성격이다. 어려운 일이 생길 때마다 남의 원조로 극복하게 되지만, 그러다 보니 정신 상태가 해이해져서 큰 일에서는 실패한다.

사각형 얼굴

사각형 얼굴 : 강한 의지력과 적극성을 지녀 남의 위에 설 능력을 갖고 있지만, 무신경이어서 육체적인 힘에 의지하려는 결점이 있다.

장방형 얼굴 : 견실한 성격의 소유자로, 목적을 향하여 차근차근 전진하면 성공하지만, 독선적이 되어 실패할 결점이 있다.

역삼각형 얼굴 : 신경질적으로, 공상가이다. 두뇌나 감각이 뛰어나 학술적인 일에 적격이지만 음울함과 체력이 약한 것이 결점이다.

역삼각형 얼굴

마름모꼴 얼굴 : 완고하고 집착심이 강해서, 목적을 철저하게 추구하여 성공하지만, 독선적이어서 융통성이 없는 것이 결점이다.

● 눈 모양이 나타내는 의미

관상의 포인트 : 눈은 마음의 창이란 말이 있듯이, 운세는 그 사람의 마음이 나타나므로 나쁜 상이 다른 곳에 있어 눈이 좋으면 걱정할 것 없다.

눈은 관상을 보는 데 가장 중요한 포인트인데, 생기 발랄한 눈이 좋은 눈이다.

모양과 상태 : 눈에는 여러 가지 모양이나 상태가 있는데 크게 나누면, 모양으로는 큰 눈과 작은 눈, 상태로는 외꺼풀 눈썹과 쌍꺼풀 눈썹으로 나눌 수 있다.

큰 눈과 작은 눈 : 큰 눈은 넓고 강한 마음을, 작은 눈은 섬세하고 자상한 마음을 나타낸다.

외꺼풀 눈썹과 쌍커풀 눈썹 : 외꺼풀 눈썹은 이성을, 쌍커풀 눈썹은 정열을 나타낸다.

크고 시원스러운 눈 : 윗눈썹 선에 탄력이 있는 눈인데, 민감해서 상대방의 마음을 잘 읽는 성격을 나타낸다.

검은 자위가 약간 치켜올라간 듯한 사람은 이성적이어서, 모든 일을 척척 해치우는 능력이 있다.

크고 시원한 눈

눈 꼬리가 치켜올라간 눈 : 견실한 사람의 상이다. 그러나 입이나 코가 나타내는 의미와 조화가 잘 되지 않으면, 짓궂거나 극단적으로 지기 싫어하는 성격이 되거나 해서, 다소 이성이 결핍된 성격이 된다.

눈 꼬리가
치켜 올라간 눈

눈꼬리가 아래로 쳐진 눈 : 눈꼬리의 윗선이 아래선에 덮어씌워져 있는 듯한 모양의 눈이다.

사람이 좋아서 누구에게나 호감을 주는 인상을 준다. 그러나 사람이 너무 좋아 남에게 이용되는 경우가 있다.

고양이 눈 : 눈이 올라간 사람은 의지가 강하고 자기의 목적을 달성할 수 있는 운세를 타고 났으므로, 사회적인 성공을 거둘 수 있다. 그러나 천성이 과격하기 때문에 남과 충돌하기 쉬운 것이 결점이다.

아래로 쳐진 눈 : 온순하고 마음씨가 고운, 이른바 호인 타입의 성격을 나타낸다. 무슨 일이나 열심히 하지만 솜씨가 서투르고 약싹빠르지 못한 것이 결점이므로, 남다른 노력

아래로 쳐진 눈

이 필요하다.

삼백안 : 검은 눈동자의 위나 아래에 흰자 위가 보이는 삼백안은 집착이 강한 성격을 나타낸다. 무슨 일이든 끈기 있게 해내지만 협조성이 없는 것이 결점이다. 그리고 매우 의심이 많아지는 경우도 있다.

삼백안

● 코 모양이 나타내는 의미

활력을 본다 : 코도 눈과 마찬가지로 관상을 보는 데 있어서 중요한 포인트의 하나이다.

코에는 생활과 육체의 활력이 나타나므로, 행복할 수 있느냐 없느냐를 보는 열쇠이다.

높은 코와 낮은 코 : 코의 모양이나 상태를 크게 나누면, 높은 코와 낮은 코로 나눌 수 있다.

높은 코는 자신 만만한 것을 나타내는데, 폭이 넓은 경우는 자신이 행동과 결부되지만, 좁은 경우는 자존심만 높은 허세의 코에 지나지 않는다.

낮은 코는 자신이 없어 우물쭈물하는 타입이지만, 폭이 넓은 경우는 현실적인 감각이 뛰어나, 강한 생활력을 가지고 있다.

긴 코 : 온순한 성질과 건강이 좋다는 것을 나타낸다. 남의 호감을 사지만 내향적이어서 늘 꿍꿍거리는 것이 결점이다.

짧은 코 : 사람이 좋아서 붙임성이 있는 면과 성질이 급해서 화를 잘 내는 면이 있다. 친구들과

긴 코

는 잘 사귀지만 변덕이 심한 것이 결점이다.

콧방울이 넓은 코 : 콧방울이 떡 벌어진 코는 돈이나 명성에 대한 욕망이 강하다는 것을 나타낸다. 또 적극적인 성격이어서 사회적으로 성공할 가능성이 있다.

콧방울이 넓은 코

콧방울이 좁은 코 : 콧방울이 홀쭉한 코는 담백하고 일을 아무렇게나 하는 성질을 나타낸다. 금전이나 물건에 대한 집착심도 그다지 없고, 체력도 약한 편이어서 대성할 수 없다.

주먹코 : 의지가 강하고 완고한 성격을 나타낸다. 또 독선적이어서 남과 충돌하는 일이 많아 그 때문에 실패하기 쉬운 결점이 있다.

날카로운 코 : 예리한 감각을 가지고 있음을 나타낸다. 또 손재주를 비롯하여 많은 재능을 갖고 있으나, 열두 가지 재주에 저녁거리가

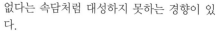

콧방울이 좁은 코

없다는 속담처럼 대성하지 못하는 경향이 있다.

주먹코

● 이마 모양이 나타내는 의미

지성을 본다 : 옛날부터 이마에는 신이 머문다는 말이 있듯이, 이마는 그 사람의 신성(정신·지성)이 나타나는 곳이다. 전체가 아름다운 건강색이며, 높고 넓고 통통한 느낌을 주는 이마가 좋은 이마이다.

높이의 표준 : 이마의 높이는 머리카락이 난 곳부터 턱끝까지

길이의 3분의 1이 표준이고, 그 이상인 것은 높은 이마이고, 그 이하인 것은 낮은 이마라고 판단한다.

높고 넓은 이마 : 지성이 충분하고 이론적인 성격을 나타낸다. 소년 시절부터 좋은 환경 아래 건강하게 성장한다.

높고 넓은 이마

높고 좁은 이마 : 높은 지성을 갖고 있으나 현실적인 면은 없다는 것을 나타낸다. 소년 시절은 경제적으로 윤택하지 못하다.

낮은 이마 : 지성이 낮고, 생각하기보다 먼저 행동하는 타입이다. 어릴 때는 고생하지만 커서 성공한다.

미간의 주름 : 미간(눈과 눈사이)에 세로로 주름이 있는 사람은 성질이 급하고 신경질적이어서 남과 충돌이 잦아 실패를 잘 한다.

낮은 이마

3개의 주름 : 이마에 가로로 3개의 주름이 있는 사람은 생각이 깊고, 예리한 직감력을 갖고 있으나, 신경질적이다.

2개의 주름 : 이마에 가로로 2개의 주름이 있는 사람은 성미가 까다롭고 협조성이 부족하지만, 정열과 행동력의 소유자이다.

3개의 주름

●볼 모양이 나타내는 의미

의지력을 본다 : 볼에는 그 사람의 의지의 강약이 나타난다. 통통하게 살이 붙고 탄력이 있으며, 눈·코·입과 잘 조화되는 볼이 좋은 볼이다.

볼 모양으로 얼굴의 윤곽이 달라지므로, 볼은 중요한 포인트이다.

통통한 볼과 홀쭉한 볼 : 볼은 통통한 볼과 홀쭉한 볼로 크게 나눈다. 통통한 볼은 의지가 강하고 실행력이 있다는 것을 나타내는 길상이고, 홀쭉한 볼은 의지가 약하고 의타심이 강하다는 것을 나타내는 흉상이다.

볼의 상처는 흉상 : 볼에 눈에 띄는 상처가 있는 것은 흉상이므로 상처를 입지 않도록 조심하자.

통통한 볼 : 밝은 성격이고 강한 의지와 굳센 행동력을 가지고 있다는 것을 나타내며, 강한 운세를 타고 났다. 그러나 탄력이 없으면 정에 약하다는 표시이므로 재능을 펼 수 없다.

통통한 볼

홀쭉한 볼 : 의지는 강하지만 성격이 냉정하다는 것을 나타낸다. 턱 쪽으로 오무라진 경우는 마음이 좁고 협조성이 없다. 턱이 모가 진 경우는 짓궂어서 남에게 미움을 받는다.

쑥 들어간 볼 : 의지가 약하고 싫증을 쉽게 내는 성질임을 나타낸다. 하찮은 일도 끙끙대며 고민하는 일이 많고, 무슨 일이나 도중에서 포기해 버리는 경향이 있다.

아랫볼이 볼록한 모양 : 명랑하고 무사 태평인 성격을 나타낸다. 탄력이 있는 경우는 의지력도 있지만, 축 늘어진 듯한 느낌을 주는 경우는 의지가 약하고 흐리멍덩한 성격을 나타낸다.

광대뼈가 튀어 나온 볼 : 의지는 강하지만 음울하고 내향적인 성격임을 나타낸다. 강한 의지가 고집, 강한 질투심, 강한 집념으로 나타나기 때문에 대인 관계가 원만하지 못하다.

광대뼈가 튀어 나온 볼

●턱 모양이 나타내는 의미

감정을 본다 : 턱 모양은 입 아래에서 귀밑까지 있는 아래턱의 선 모양으로서, 그 사람의 감정을 나타낸다.

좋은 턱 : 턱의 선이 또렷하고 야무지며, 알맞게 살이 붙은 턱이 좋은 턱이다. 감수성이 풍부하고 좋은 운세로 태어나 행복하고 안정된 생활을 영위할 수 있다는 것을 나타낸다.

나쁜 턱 : 살이 없고, 가늘고 오무라져 힘이 없는 것은 나쁜 턱이다. 또, 입 아랫 부분에 눈에 띄는 상처가 있는 것도 흉상이다. 감정적으로 냉담한 데가 있고, 육체적인 활력이나 행동력이 없으며, 재물운이 없다는 것을 나타낸다. 하지만 우수한 두뇌의 소유자이다.

홀쭉한 턱

길죽한 턱

모가 난 턱 : 고집스럽지만 의지력이 있고 또 인내심도 강하므로, 사회적인 성공을 기대할 수 있다. 그러나 거만한 행동은 삼가야 한

다.

홀쭉한 턱 : 두뇌 회전이 빠르고 감수성도 예민하지만 냉정한 감정의 소유자로 타산적이어서 남에게 혐오감을 준다.

길쭉한 턱 : 의지는 강하지만 고집스럽고 심술궂은 성질이 있고, 유별나게 남들과 반대되는 일을 하려는 경향이 있다.

주걱턱

짧은 턱 : 성질이 급하고 변덕이 있다. 좋을 때는 인내심을 발휘하지만 나쁠 때는 금방 포기해 버리는 성격이다.

주걱턱 : 예민한 감수성과 판단력이 있지만, 냉정하고 거만해서, 자기에게 이득이 있는 일만 하는 경향이 있다.

●입 모양이 나타내는 의미

큰 입

생활운을 본다 : 입에는 그 사람의 생활력과 가정운이 나타난다. 입은 입 전체의 크기나 상태와 입술 상태의 양쪽을 본다.

좋은 입과 나쁜 입 : 크고 야무지며 얼굴 전체와 잘 조화되고, 입술 색깔이 아름다운 것이 좋은 입이고, 야무지지 않고 입술 색깔이 좋지 않은 것은 나쁜 입이다.

일자형 입

큰 입 : 야무진 입이면 생활력이 강하고 안정된

생활을 할 수 있는 것을 나타내고, 야무지지 않으면 흐리멍덩하다는 표시이다.

일자형 입 : 강한 생활력과 굳센 행동력을 갖고 있다는 것을 나타낸다. 자제심도 있으므로 사회적으로 성공한다.

색깔이 나쁜 입술 : 검은 입술은 가정적으로 불우한 것을 나타내고 새빨간 입술은 병약하고 신경질적이다.

작은 입

작은 입 : 소심하고 생활력이 약하다는 것을 나타낸다. 그리고 어떤 일이든 이기적이 되는 경향이 있다.

입술이 두터운 입

입술이 두터운 입 : 정열적이고 애정이 많은 성격을 나타낸다. 매사에 정열적으로 덤벼 성공을 거두지만, 너무 열중하면 실패한다.

아랫입술이 두꺼운 입 : 아랫입술에는 그 사람의 육체적인 활력이 나타난다. 두터운 것은 육체적으로 충실하다는 표시이다.

끝이 치올라간 입 : 명랑하고 애정이 많은 성격을 나타낸다. 게다가 타고난 풍부한 재능으로 행복한 생활을 할 수 있다.

끝이 치올라간 입

아랫입술이 튀어나온 입

입술이 얇은 입 : 이성적이지만 이기적인 성격을 나타낸다. 너무 타산적이어서 실패하는 경향이 있다.

아랫입술이 튀어나온 입 : 의지가 약하다는 것을 나타낸다. 게다가 집중력이 없기 때문에 어떤 일을 끝까지 해내지 못한다.

끝이 아래로 쳐진 입 : 고집스런 성격을 나타낸다. 항상 무엇인가에 불만을 가지고 있어, 남과 협조가 되지 않아 실패하는 경향이 있다.

윗입술이 두꺼운 입 : 윗입술에는 그 사람의 정신 상태가 나타난다. 두터운 것은 정신적으로 충실해 있다는 표시이다.

윗입술이 튀어나온 입 : 성격이 경박하다는 것을 나타낸다. 깊이 생각하지 않고 행동해서 실패하는 경향이 있다.

윗입술이
튀어나온 입

● **눈썹 모양이 나타내는 의미**

눈썹에는 그 사람의 천성이 나타난다.

눈썹은 크게 나누면 굵은 눈썹과 가는 눈썹이 있다. 굵은 눈썹은 남성적인 기질을 나타내고, 가는 눈썹은 여성적인 기질을 나타낸다.

보상 : 눈썹은 모양과 상태로 보기는 하지만, 눈썹만은 모양을 바꾸어서 운세를 보완할 수 있는 부분으로 되고 있다. 이것을 보상이라고 한다.

굵은 눈썹

사이가 넓은 눈썹과 좁은 눈썹 : 눈썹과 눈썹 사
이가 넓은 눈썹은 유유자적하고 여유 있는 성격
임을 나타내며, 좋은 운세를 맞게 된다. 사이가
좁은 눈썹은 성급하고 화를 잘 내는 성격으로,
성질을 부리다가 실패하는 경향이 있다.

굵은 눈썹 : 굵고 짙은 눈썹은 성정이 과격하고
강한 운세를 타고 났으나, 방자하고 무신경인 데
가 있다. 굵어도 숱이 적은 경우는 성정은 과격하
지만 내향적이기 때문에 음험해질 때가 있다.

팔자 눈썹

팔자형 눈썹 : 명랑하고 좋은 성격임을 나타내지만, 약간 허술
한 데가 있고 끈기가 없는 것이 결점이다. 매사에
담백하고 쉽게 체념해버려, 무슨 일이든 끝까지
해내지 못한다.

가는 눈썹 : 짙은 경우는 신경질적이고 까다
로운 성질을 나타내지만, 상냥하고 남을 잘 돕
는 성품이므로, 여성의 경우는 길상이다. 숱이
적은 경우는 주제넘게 나서기를 잘 하고 수다스
러워서, 남에게 미움을 받는다.

일자 눈썹

역팔자 눈썹 : 천성이 대단한 야심가임을 나타낸
다. 강한 의지력과 행동력의 소유자로, 목적 달
성을 위해서는 한 발자국도 물러서지 않는 기백
을 가지고 있다. 그러나 남을 믿지 않는 것이 결
점이다.

초승달 모양 눈썹

일자 눈썹 : 적극적이고 강한 성정을 나타
낸다. 또 두뇌 회전이 빠르고 신속한 행동력

을 지니고 있으므로, 사회적으로 성공할 가능성이 있다. 그런데 약간 자기 본위적인 것이 결점이다.

초승달 모양 눈썹 : 온순한 성품인 것을 나타낸다. 온순하고 상상력이 풍부하며, 거기에다 예술적인 감각도 뛰어나지만, 결단력이 부족해서 미적지근한 데가 있다는 것이 결점이다.

●귀 모양이 나타내는 의미

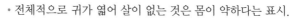

작은 귀 : 귀 위쪽 테두리가 큰 경우에, 귓불이 작으면 지능이 높고, 귓불이 크면 행동력이 있다.

• 머리 쪽으로 젖혀져 있는 것은 성실한 성격, 쫑긋한 것은 경솔한 성격임을 나타낸다.

큰 귀

• 알맞게 두텁고 탄력이 있는 경우에는 지능, 행동력, 건강이 좋다는 것을 나타낸다.

• 전체적으로 귀가 엷어 살이 없는 것은 몸이 약하다는 표시.

큰 귀 : 폭이 넓은 경우는 지능이 높고 기억력이 뛰어나다는 것을 나타낸다.

• 폭이 좁은 경우는 행동력이 있지만, 독선적이고 협조성이 없다는 것을 나타낸다.

• 폭이 넓고 짧은 귀는 겁에 많다는 것을 나타낸다.

• 딱딱하고 탄력이 있는 귀는 의지가 강하고 건강하다는 것을 나타낸다.

• 귓불이 큰 것은 운세가 강하다는 표시.

• 귀의 위 테두리가 큰 것은 활동적이란 표시.

• 머리 쪽으로 젖혀진 것은 지기 싫어하고 행동력이 있다는 것을, 쫑긋하게 서 있는 것은 지성이 높고 풍부한 감수성을 갖고 있다는 것을 나타낸다.

행동력을 본다 : 귀에는 그 사람의 행동력의 강약이 나타난다. 그리고 지능의 발달도 볼 수 있다. 귀는 크기나 모양, 상태로 보는데, 먼저 큰가 작은가에 따라 판단하고 나서 자세한 판단을 해가는 것이 요령이다.

큰 귀와 작은 귀 : 큰 귀는 발달한 지능과 강한 행동력을 나타내는데, 주로 지능적인 면에 중점을 둔다.

• 작은 귀는 지능보다도 행동력에 중점을 두는데, 예민한 행동력과 회전이 빠른 두뇌를 나타낸다.

● 머리 모양이 나타내는 의미

성격을 본다 : 머리 모양은 관상을 보는 데 있어 지금까지 보아 온 각 부분만큼 중요하지는 않지만, 한눈으로 그 사람의 성격을 파악하는 데 편리하므로 설명하도록 한다.

머리의 모양와 폭 : 머리의 모양은 크게 원형, 각형, 원추형의 3종류로 나눌 수 있다. 또 폭, 길이, 높이에 따른 분류도 할 수 있다. 폭은 얼굴을 앞에서 보았을 경우의 옆넓이이고, 길이는 이마에서 후두부까지의 길이, 높이는 귓구멍에서 머리끝까지의 높이이다.

여기서는 모양과 폭을 조합한 다음과 같은 6가지 모양에 대해 설명한다. 이 분류는 머리 바로 뒤쪽에서 보면 쉽게 알 수 있어서 편리하다.

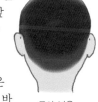

폭이 넓은
원형 머리

폭이 넓은
각형 머리

폭이 넓은 원형 머리 : 투지 왕성한 자신가로, 자기가 원하는 것은 남을 밀어내서라도 얻으려고 한다. 그런데 의외로 신경질적이다.

폭이 좁은 원형 머리 : 소극적이고 경각심이 있는 성격을 나타낸다. 행동력은 있지만 지나치게 신중해서 항상 선두를 빼앗긴다.

폭이 넓은 각형 머리 : 고집이 세고 행동적인 성격을 나타내고 있다. 불가능한 것을 더더욱 밀고 나가려 하는 삐뚤어진 근성이 결점이다.

폭이 좁은 각형 머리 : 내향적이고 남의 말을 잘 듣는 성격을 나타낸다. 이성보다 감정이 두드러져서, 정에 약한 것이 흠이라면 흠이다.

폭이 넓은 원추형 머리 : 자기 생각이나 행동을 환경에 맞추어 바꾸는 순응성이 있으나, 그 요령 자체가 결점이기도 하다.

폭이 좁은
원추형 머리

폭이 좁은 원추형 머리 : 내향적이고 패기가 없어, 권위 있는 사람이나 강자에게 영향을 받기 쉬운 성격을 나타낸다.

백운학의 생생한 그림으로 보는 관상도감

관상의 실제

경영에
성공하는
상

넓은 이마는 도량이 큰 사람.
통통한 볼은 실행력이 있다.

작고 가느다란
코끼리와 같은 눈은
계획성이 풍부하다.

살이 찐 통통한 턱은
부하운이 있다.

콧날이 굵은 사람은
생활력이 왕성하다.

곧게 다물어진 큰 입을
가진 사람.

일자 눈썹은 용감하고
결단이 빠르다.

이마의 주름이 3개면 좋은 상,
맨 밑의 주름이 뚜렷하면
좋은 부하를 만난다.

콧구멍이 큰 사람은
낭비형이다.

아랫입술이나 턱에
있는 점은 남이 진 빚을
갚아 줄 운세이다.

법령이 끊겨 있으면
사업상 장애가 생긴다.

길고 굵은 눈썹이 밀생하면
주위 사람의 도움을
바랄 수 없다.

콧대가 가느다란 코를 가진
사람은 투쟁심이 결여되어
있는 경우가 많다.

연약한 귀를 가진
사람은 기가 약하다.

살이 없고 끝이 뾰족한 턱은
갈수록 쇠퇴하는 운세이다.

유능한
사원의 상

통통한 볼을 가진 사람은
좋은 부하를 만나고
활력도 충분하다.

큰 눈은 달변이고
총명하며 영업 사원으로
성공한다.

눈썹머리가 굵은
사람은 용감하고 고난을
극복하는 힘이 강하다.

네모진 턱은 매사에
끈질기다.

귓바퀴가 튀어나오면
이해력이 있다.

광대뼈가 튀어나온 사람은
매사에 큰 힘을 발휘한다.

콧대의 중앙 부분에서
콧방울에 걸쳐 발달한 것은
중년부터 독창력으로 성공한다.

이마 중앙의 점은
일단 유사시에 올바른
판단을 하지 못한다.

야무진 데가 없는
큰 입은 돈 버는 재주가
없고 허풍쟁이이며 큰
실패를 하기 쉽다.

눈썹 끝이 퍼지거나
듬성듬성 난 사람은 집중력이
결여된 경우가 많다.

코가 높고 홀쭉한 것은
입에 바른 말만 하고
실행력이 없다

법령이 입으로 들어가는
모습을 한 사람은 자기 일에
대해 불만을 갖고 있다.

분화구 모양의 이마를 가진
사람은 독창성이 결여되어 있다.

얼굴의 좌우가 불균형한
사람은 올바른 판단을 못한다.

콧망울이 부푼 코를
가진 사람

귓불이 통통한 사람

법령이 긴 사람

미간에 점이 있는 사람

큰 입을 가진 사람

인중이 긴 사람

눈썹이 긴 사람

돈이 새는 상

눈썹털이 짧은 사람.

콧방울이 작은 사람.

법령이 짧고 가냘픈 사람.

법령

눈썹 끝에 점이 있는 사람.

옆으로 벌어진 턱은
낭비형이라 좋지 않다.

얼굴의 흉터, 특히 눈썹
끝에 있으면 좋지 않다.

귓불이 작은 사람.

큰 귀는 거물이 될 상이다.

네모난 이마는 견실함이
인정되고 중년에 발전한다.

살이 붙어 토실토실한 턱은
부동산 · 부하운이 있다.

짙은 눈썹은 리더십이
있고 대기만성형.

입이 크고 아래위 입술이
두툼하면, 도량이 넓고
생명력도 강하다.

살이 붙은 넓은 이마는
의지가 강인하고 운도 강하다.

콧날이 굵게 우뚝 솟고
힘차면 실행력이 있다.

일자눈썹은 남성을 뺨친다.

이마·볼·턱이 모두
튀어나온 여성은
전업 주부로는
성이 차지 않는다.

크고 길게 찢어진 눈은
결단이 빠르다.

코 중앙부가 발달한
여성은 의지가 강하고
재운도 강하다.

입이 큰 여성은
의지가 강하다.

광대뼈가 나오면
적극성이 증가한다.

넓고 네모진 이마는
자기 주장과 실행력이
강하다.

주식에
강한
사람의 상

코끝이 아래로 크게
처진 사람은 금전에
대한 집착이 강하다.

눈동자가 작은 사람은
앞일에 대한 판단이
정확하다.

꼭 다물어진 입은
결단력의 상징.

오목한 눈은 사물을
깊이 파헤쳐서 생각한다.

이마의 하부가 발달해
있으면 냉정한 판단을
내린다.

선골에 살이 붙어 있으면
영감이 뛰어나다.

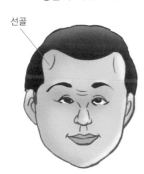

선골

광대뼈가 튀어나온
사람은 투쟁심이 왕성하다.

유흥업소로
성공할 상

애교 있는 조그만한
코를 가진 여성.

살이 붙은 뾰족한 턱을
가진 매력 있는 여성.

U자형 얼굴은 사교성이
뛰어나고, 정이 깊어
남자에게 반하기 쉽다.

이마가 튀어나오고 눈썹은
반달 모양, 눈꼬리는 처지고,
입술이 두꺼운 여성은
물장사에 적격이다.

눈이 코에 근접해 있는
사람은 남자를 끌어당기는
매력이 있다.

새눈인 여성은
사교성이 있다.

두꺼운 입술과 볼이 통통한
사람은 정이 깊다.

장사로
성공할 상

둥글고 날카로운 눈은
사고가 예리하다.

위쪽으로 붙은 귀를 가진
사람은 생활력이 왕성하다.

둥근 머리와 밝고 큰 검은
눈은 남의 신용을 얻는다.

둥글고 살이 찐 얼굴은
장사 수단이 있다.

뿌리가 낮고 끝이 둥근
코는 금전운이 있다.

아랫입술이 두꺼우면 주위
사람이 정답게 대해 준다.

짙은 반달 모양 눈썹은
노력가이고 사교성이 있지만,
이기주의자이다.

턱이 쪼뼛하고
살이 붙지 않은 사람.

광대뼈가 튀어나오고
코가 낮은 사람은
중년에 어렵다.

반달 모양 눈썹의
남성은 성격과 운이
모두 약하다.

이마 위쪽이 뒤쪽으로
젖혀진 사람

인중이 짧고 좁은 것은
자립심이 부족하다.

이마가 좁고 미간도
좁은 사람.

콧망울이 없고 코끝이
뽀족한 사람은 주위
사람들로부터 도움을 못
받고 금전운도 없다.

단단하고 두꺼운 귀는
무슨 일이나 견실하다.

입이 큰 사람은
생활력이 강하다.

법령이 뚜렷한 사람은
사교성이 풍부하다.

법령

찢어진 눈은 장래를
꿰뚫어보는 눈이 예리하다.

콧방울이 벌름하고
폭이 넓은 코를 가진
사람은 끈질기다.

미간이 좁고 사자코인
사람은 자기 의지를
밀어붙인다.

중앙에 세모나게 머리카락이
튀어나온 이마는, 강한
의지와 수행력의 소유자이다.

문필가의
상

팔자형 법령이 있는
사람은 자기가 좋아하는
일을 할 수 있고 게다가
인기가 많다.

법령

이마가 넓고 미간도 넓은
사람은 지성이 뛰어나다.

눈밑이 부푼 사람은
대부분이 문필가이다.

심성질형인 얼굴은
사고력이 뛰어난
델리케이트한
신경의 소유자이다.

옴팍눈은 사물의
이면까지 꿰뚫어본다.

털이 길고 가지런한 눈썹,
좋은 눈썹에는 글재주가
넘친다.

이마 중앙이 발달해 있으면
상상력과 기억력이 뛰어남.

이마가 넓고 입이 작은
사람은 주의깊고
학자형이다.

옆으로 찢어지고 오목한
눈을 가진 사람은 사물의
이면까지 꿰뚫어보는
통찰력이 있다.

이마의 상부와 중앙부가
발달된 사람은 사고력이
예리하고 기억력도 강하다.

관자놀이 부근의 이마
모양이 역삼각형 모양으로
튀어나오면 지성과 완수력이
탁월하다.

미간에 난 두 줄의
뚜렷한 주름은 목적을
향한 집념이 강하다.

상부가 발달한 귀를
가진 사람은 이수계理數系의
학자형.

깎아낼듯이 초췌한 이마는
냉철한 전문직형이다.

예술가의
상

이마가 M자형이고 선골이
튀어나온 사람은 뛰어난
창의력을 발휘한다.

선골

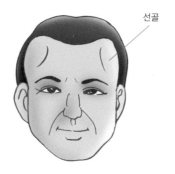

턱 아랫부분이 오목하게
들어간 사람은 굉장한
창의력을 발휘한다.

눈구석이 찢어진
옴팍눈의 소유자는
관찰력이 예리하다.

세모진 눈썹은
색채 감각이 예민하다.

민둥코는 미적
감각이 뛰어나다.

눈밑이 부풀면 리듬
감각에 뛰어나다.

눈썹 부위의 뼈가
튀어나와 있는 사람은
미술 · 음악적 재능이
뛰어나다.

교육가 ·
종교가의 상

네모난 이마를
가진 사람은 끈질기다.

눈썹과 눈이 멀리 떨어질
수록 품격이 높아진다.

인중이 뚜렷한 사람은
교육가 · 종교가형,
엷으면 도의심 결여.

인중

눈꼬리에 두 개의 주름이
있으면 상냥한 사람.

넓고 살이 찐 이마는
품격이 높다.

높은 코는 지식이
풍부한 것을 나타낸다.

복스러운 턱을 가진
사람은 정이 깊다.

넓은 이마를 가진
사람은 거시적 관점에서
사물을 본다.

얼굴 중앙부와 하부가
발달해 있으면 실천력이
뛰어나고 권세를 장악한다.

네모난 큰 입의 소유자는
뛰어난 결단력이 있다.

단단하게 살이 붙은
광대뼈와 턱은
강한 의지의 상징.

통통한 귓불은
보스 기질이 있어 남의
사정을 잘 보살핀다.

눈꼬리에 거의 붙어
있는 강한 팔자눈썹은
야심가의 상징.

콧방울이 부푼 큰 코는
금전운, 게다가 미간
부위가 융기한 층이 진
코는 투쟁심이 강하다.

샐러리맨의 상

상하좌우가 균형이
잘 잡힌 얼굴은
유연성이 풍부하다.

세모눈썹은 어려운
일에도 굴하지 않는다.

이마의 좌우 위쪽이
역삼각형이면
활동력이 강하다.

눈구석의 선이 둥글면
타인과의 협조성이
뛰어나다.

옆머리에 달라붙은
납작한 귀는 기동력과
요령이 좋다.

입술에 세로로 주름이
지면 정이 깊어
대인관계가 원만하다.

머리카락과 이마의
경계선이 일직선이고
옆으로 널찍한 이마는
정확한 판단력의 소유자.

사무 계통
종사자의
상

모난 이마는 매사가
고지식이 넘친다.

귓 속이 오목한 사람은
보수적이고 사무 능력이
뛰어나다.

귀가 눈 아래쪽에 붙은
사람은 품성이 고상하여
독직이나 범법과는
인연이 멀다.

입술 두께가 아래위가
같으면 좋고 싫은 것을
가리지 않고 온화하다.

눈이 작은 사람은
끈질기고 알뜰형이다.

눈썹이 눈꼬리를 덮을
정도로 길게 뻗어 있는
사람은 경리에 강하다.

입이 작은 사람은 되풀이
계속되는 일에 적임자다.

기술 계통 종사자의 상

역삼각과 사각이 혼합된
얼굴 모양은 지성이 강하고
실천력도 있다.

옆얼굴에 굴곡이 없으면
냉철하고 자제심이 강하다.

오목한 눈은 조심성이
깊어 상세한 점까지
잘 알아차린다.

가로 세로가 모두
넓은 이마를 가진
사람은 이지적이다.

코 아래쪽이 더 긴 얼굴은
이수理數에 강하다.

이마의 주름이 좌우로
갈라지고 주름 끝이
위를 향하면 직감력이
뛰어나고 천재형.

비스듬히 붙은 귀를
가진 사람은 이지적이다.

단단하고 다부진 턱은
의지가 강해서 자력으로
운을 개척하는 타입이다.

눈썹 언저리의 뼈와
광대뼈가 발달해 있으면
참을성이 뛰어나다.

오목눈을 가진 사람은
판단이 정확하다.

콧방울이 부풀면
체력도 강해진다.

역삼각형 예각 이마인
사람은 행동적.

법령이 뚜렷한 사람은
일에 집념이 강하다.

법령

입술이 튀어나오면
말도 잘 하고 모든 일에
적극적이다.

큰 눈의 소유자는
감정이 풍부하다.

털이 가지런하고 약간
동그란 눈썹은 친구나 친지의
도움으로 운이 트인다.

큰 입은 자력으로
운을 개척할 상이다.

법령 바깥쪽에 살이
붙지 않으면 인기가
오르지 않는다.

상하좌우로 균형이
잘 잡힌 얼굴은 행운.

입 위에 있는 점은
인기를 얻는다.

눈 아래가 잘 발달된
사람은 언변이 뛰어나다.

수전노의
상

콧방울의 경계가 없는
이른바 '유태인 코'는
금전욕이 강하다.

눈꼬리가 없는
동그란 눈은 탐욕이
가득한 사람.

굵고 짧은 눈썹은 돈벌이
생각밖에 하지 않는다.

아랫입술이 튀어나온
사람은 욕심이 많고
이기적이다.

입술이 얇은 사람은
박정하고 야욕이 강하다.

역삼각형 눈은 남을
속여서라도 자기
이익을 챙긴다

곧고 긴 턱의
소유자는 이기주의자.

직장 상사의 상

살이 찐 둥근 턱은
믿음직한 부하를
거느리고 있다는 징표.

털이 길고 굵은
눈썹은 좌절할 상.

이마에 요철이나 상처가
없고 깨끗하고 밝은
사람은 출세한다.

윗눈꺼풀이 처져 있는
사람은 아무리 잘 해도
손해만 본다.

꼭 다물어진 입,
입술 아래위가 모두
두꺼우면 정이 깊다.

높고 길고 큰 코는
이기주의, 남의 사정은
아랑곳하지 않는다.

귀가 두꺼울수록
남을 잘 돕는다.

광대뼈에 눈꼬리까지
치켜올라간 사람은 괴팍하고
비뚤어진 심술쟁이.

눈썹이 엷고 코가 큰
사람은 몰래 나쁜 일을
저지르는 상.

아래쪽 눈꺼풀
중앙이 처져 있는
눈은 교활하다.

세모진 눈은 간계를
잘 꾸민다.

꼬리가 없는 동그란 눈은
자기본위로 욕심이 많다.

인중이 전혀 없거나
있어도 아주 얇은 사람은
절개와 지조가 부족하다.

턱이 납작한 사람은
약한 사람을 괴롭히기
좋아한다.

일찍 결혼하는 상

눈이 튀어나온 사람은
남녀 모두 조숙하다.

오른쪽 볼에 점이 있는
여자는 남자의 유혹에
즉시 응한다.

쌍커풀이고 큰 눈은
사치를 좋아하고 경박하다.

젊은 나이에 이마에 주름이
3개 있는 것은 조숙.

이마 윗부분이 분화구
모양인 남녀는
프로포즈에 약하다.

작고 나온 코의 여자는
성적 유혹에 약하다.

눈꼬리에 잔주름이 많은
여자는 색욕이 왕성하다.

늦게 결혼하는 상

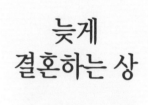

근육질형(각형)인 여자는 일에 빠져서 혼기가 늦어진다.

굵고 털끝이 곱슬곱슬한 눈썹은 유연성이 결여.

역삼각형인 머리는 사교가 서투르고 고독하다.

눈과 눈썹 사이가 좁고
살이 붙지 않으면, 남녀
모두 대인관계가 좋지
않아 결혼이 늦어진다.

미간이 좁은 여자는
의사 표현이 서투르다.

동그란 눈은
말이 서투르다.

코 끝의 선보다 귀의
하단이 올라간 사람은,
내성적이고 사교성이 결핍.

연애 결혼하는 상

이마 중앙부가 분화구 모양인 사람은 바람기가 있다.

이마가 튀어나온 사람은 친구들 사이에 인기.

크고 부드러운 눈을 가진 남자는 여자가 그냥 놔두지 않는다.

크고 맑은 눈은
정열적인
사랑을 한다.

광대뼈에 살이 찐 사람은
적극적으로 나오는 타입.

윗입술은 얇고 아랫입술만
두꺼운 사람은 자기
쪽에서 구애하는 타입.

눈꼬리가 처진 여자는
남자의 유혹을
거절하지 못한다.

중매로
결혼할 상

이마가 좁은 사람은
맞선으로 행복을 얻는다.

윗입술이 얇은 사람은
애정 표현이 서투르다.

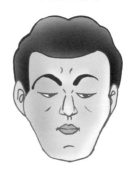

눈썹이 반달 모양인
남자는 소극적이고
의뢰심이 많다.

눈썹의 털이 많은
여자는 지나칠 정도로
부지런하다.

입이 작고 입술이
얇은 사람은 연애가
서투른 타입.

오목눈은
근심이 많은 타입.

코끝의 선과 귀끝의
선이 일치하는 사람은
상식적이고, 모험을
싫어한다.

미간에 세로로
난 잔주름 2개는
이혼할 상.

눈꼬리 근처에
검버섯 · 흉터 · 점이
있으면 아내 복이 부족.

뿌리가 가늘고 높은
코는 핑계 · 구실이 많아
남과 화합하지 못한다.

입이 뾰족한
남자는 고독할 상.

눈썹 · 눈이 모두 내리처진
남자는 세상사에 어둡다.

코뿌리에 옆주름이 있으면
부부 불화의 상.

눈썹털이 교차되어 있으면
매사가 원만하지 못하고,
여자에게 곤란을 받을 상.

이혼할 여자의 상

이마 · 턱 · 광대뼈가
튀어나온 얼굴은
가정에서 나와 자립할 상.

눈썹 위에 평행으로 선이
있는 사람은 이혼할 상.

눈 밑에 있는 점도
이혼할 상.

미간에 세로로 깊은 주름이
하나 있으면 이혼할 상.

층이 진 코는 투쟁과
자기 주장이 강하다.

양쪽 눈의 크기가 다른
자웅안도 이혼할 상.

법령이 2개 있는
사람도 이혼할 상.

법령

자격 미달
남편의 상

아랫눈꺼풀이 축 처진
남자는 성격이 나쁘다.

삼백안 소유자는
잔인하다.

볼이 야위면
경제적으로 파탄한다.

코에 점이 있는
사람은 금전운은 있어도
여자에게 돈을 바친다.

턱이 없고 입 아래가
바로 목줄기가 되는 사람은,
건강이 염려된다.

입이 크고 야무진 데가
없는 사람은 비열한 품성.

법령이 없거나, 있어도
입 가까이에 있으면
생활력이 없다.

법령

나쁜
아내의 상

살은 별로 찌지
않았지만 턱만 큼직한
여자는 아집이 강하다.

깔쭉깔쭉한 이마는
잔소리만 늘어놓는
수다형.

광대뼈가 앞으로
튀어나온 여자는
고집이 세고 성격이 거칠다.

이마에 잔털이 없고
경계선이 또렷한 것은
이기적인 사람.

뽀족한 코의 여자는
싸움을 좋아한다.

미간이 너무 넓으면
어딘지 칠칠치 못하다.

볼이 홀쭉해지면
불감증에 걸린 증거.

아랫눈꺼풀의 눈꼬리
근처에 점이 있는
사람은 바람둥이형.

눈꼬리에 여드름 · 종기
따위가 있는 것은
이성과의 교제중.

아래 눈꺼풀에 살이 빠지고
늘어지면 주색에 빠진다.

윗눈꺼풀에 주름이 5~6개
있는 사람은 바람둥이.

턱 끝의 홈이
깊을수록 호색한.

입술이 두툼하고 벌어져
있는 큰 입은 정욕이 왕성하고
비열한 놀이에 빠진다.

코가 짧고 콧등이 빨간
사람은 여자의 꾐에
넘어가기 쉽다.

바람기 있는 여자의 상

코 한가운데에 있는 점은 남편 하나로는 만족하지 않는다.

미간이 넓고 코가 낮으면 음란.

가운데가 굽은 눈썹은 강력한 섹스어필형. 남편만으로 만족하지 않고 딴 남자를 찾는다.

입술이 매우 두꺼운 여자는
색욕이 넘쳐 흐른다.

쌍꺼풀이고, 눈구석이 깊게
팬 여자는 섹스분방형.

아랫눈꺼풀과 눈꼬리에
살이 붙으면 정욕에
빠져든다.

윗눈꺼풀에 잔주름이
많고 눈꼬리가 처지면
정에 빠지기 쉽다.

독선적인 남편의 상

살이 빠진 모난
이마는 마음이 좁다.

아랫눈꺼풀이 가파르게
눈꼬리로 올라가면 아집형.

좁은 이마는
포용력이 없다.

높고 긴 코는
자존심만 강하다.

굵고 끝이 올라간
눈썹은 독단으로 아무
일이나 해치운다.

M자형 이마는
아집 · 독선, 남의 말에
귀를 기울이지 않는다.

볼만 통통하게 발달하면
아집이 강하고 이기주의.

여인 천하

광대뼈가 극단적으로
튀어나오면 고집불통.

광대뼈와 튀어나오고 입이
큰 여자는 모든 일을 자기
생각대로 밀고 나간다.

일자형 눈썹은
간이 크다.

높고 큰 코는 자기
표현욕이 강하다.

입이 크면
리더십이 강하다.

볼이 너무 튀어나오면
고집불통에 막무가내.

이마 한가운데 있는
점은 운이 너무 강해서
남편보다 위에 선다.

좋은 남편의 상

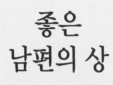

앞으로 쑥 튀어나온 턱의 소유자는 자기의 성을 지키는 마음이 강하다.

가는 눈은 책임감이 강하다.

윗입술이 두터운 남성은 처자식에게 깊은 애정을 바친다.

얼굴이 네모진 남성은
가정을 소중히 한다.

콧날이 시원스럽게
뻗은 사람은 최고 신사.

털이 가지런하고 눈꼬리가
발달한 것은 원만한 사람.

윗입술이 두꺼운
사람은 가족을 위해
혼신을 바친다.

좋은
아내의 상

눈꼬리가 약간 내려간
사람은 온순해서 모두에게
사랑받는다.

이중턱을 가진 사람은 가정이
원만한 상이다.

광대뼈가 옆으로
불거져나온 여자는
남편을 잘 내조한다.

털이 가지런한 반달
모양 눈썹은 온화한 상.

둥글고 토실토실한 턱은
인자한 모성애의 징표.

콧방울이 넓게 부풀어
있으면 알뜰살림형.

길게 찢어진
눈은 사려가 깊다.

맞선 때의 중요 포인트
(남자편에서)

코에 흉터 · 검버섯이
있으면 이혼운의 여자.

눈꼬리에 주름이
많으면 부부 불화.

툭 튀어나온 입은
질투심이 강하다.

눈밑이 움푹 들어가고
검은 여자는 성기능 빵점.
흉터 · 검버섯이 있으면
자식운도 없다.

삼백안은
성정이 과격하다.

눈 밑이 극단적으로
부풀어오르면 정욕이 너무
강해 남자 건강을 해친다.

턱이 뾰족하면
투쟁적이고 독살스럽다.

맞선 때의 중요 포인트
(여자편에서)

상하좌우의 균형이
잘 잡히고 폭넓고
두툼한 얼굴은 견실형.

두툼한 입술과 둥근 턱은
동정심이 많고 원만한
가정을 꾸린다.

인중이 짧으면
처세가 서투르다.

이곽이 튀어나오지
않으면 2남, 3남이라도
부모를 모시게 된다.

코끝이 뾰족하지 않고
둥글면 명랑하고 사교적.

미간이 좁으면
돈에 까다롭다.

콧날이 쪼삣하고
입이 작고 예쁘장하면
전형적인 마마보이.

콧구멍이 젖혀지면
거칠고 버릇이 사납다.

미간이 좁으면
관용성 결여.

눈썹머리의 털이
곱슬곱슬한 사람은
다툼을 좋아한다.

좁은 이마는
사고가 단편적.

왼쪽 눈썹머리에서
이마 중앙에 걸쳐 세로로
주름이 하나 있으면
칼부림 사고 가능성.

둥글고 튀어나온
눈의 소유자는 난폭하다.

코끝이 뾰족하면
싸움을 잘 한다.

무능한
남자의 상

모양이 좋은 조그마한
입은 남이 하자는 대로
따르게 된다.

미간이 넓고 낮으며
코가 동그란 사람은
자존심이 없다.

끝이 붉은 큰 코는
허영심이 강하고
야무진 데가 없다.

통통한 둥근 얼굴은
향락적이고 게으름뱅이.

툭 튀어나온 큰 눈은
겉치레뿐 실천력이 없다.

이마가 넓고 턱이
좁으면 지혜는 있어도
생활력이 없다.

콧날이 가냘프고 높은
사람은 가정환경은
좋아도 생활력이 결여.

남자에게
잘 속는
여자의 상

귓방울이 크고 두꺼우며
귓바퀴가 없으면
향락적이 된다.

턱끝이 작고 뾰족한 것은
의지가 약하다는 징표.

인중이 짧으면
남에게 잘 속는다.

콧방울이 없는 코는
자존심 결여.

반달 모양 눈썹은 남자가
유혹하면 즉각 응한다.

눈꼬리에 상처·점이
있으면 남성과 분쟁이
많을 상.

이마 경계선이 급커브이고
얼굴이 둥글면 판단력이
모자란다.

독신녀의 상

남자에게
의존하지 않고
자립하는 여자

큰 입은 활동적이므로
전업주부로는
성이 차지 않는다.

코 언저리에 점이 있으면
극성스럽고 오기가 있다.

짧은 코는 남편만으로
만족하지 않는다.

이마 · 광대뼈 · 턱이
튀어나온 여자는 남편의
운을 파탄시킨다.

이마가 넓고 아치형인
여자는 남자 뺨치는
여장부형.

코가 너무 높으면
공격적이다.

윗눈꺼풀이 눈꼬리에서
치켜 올라가면, 자기
마음대로 되지 않으면
만족하지 않는다.

턱에 홈이
있는 남자.

눈동자가 약간 위쪽에
붙어 있는 남자.

볼에 있는 점도 남성의
마음을 끄는 매력 포인트.

이마가 좁고 통통한 턱이
앞으로 튀어나온 여자.

언제나 약간 벌어져 있는
입술(몬로형).

크고 부드러운 눈을 가진
남자는 여자의 마음을 끈다.

눈구석에서 윗눈꺼풀이
아래로 처지고, 아랫눈꺼풀이
위로 치켜오르면 남자의
마음을 동하게 한다.

광대뼈가 나오면
침대에서 능동적으로
리드를 한다.

아래로 향해 끝이
벌어진 인중은 남자를
감격하게 한다.

매부리코의 남자는 강력.

새눈은 기교파.

양쪽 입가가 위로
올라가고 입매가 단단하면
죄는 힘이 강하다.

귓불이 보들보들하면
성기도 보들보들.

입술에 세로로 주름이
있으면 정이 깊고 요부형.

입술 중앙의 살이 부풀어
오르면 느낌이 좋다.

변태의 상

입을 다물어도 이가
보이는 사람은 음험.

아랫눈꺼풀의 살이
축 늘어진 사람.

윗눈꺼풀이 반원이고
아랫눈꺼풀이 일자선을
이룬 눈, 게다가 툭
튀어나온 눈.

움푹 들어간
삼백안은 변태.

입술이 비뚤어지고
눈알이 붉은 사람.

윗눈꺼풀이 아래로
처지면 호색이고 음험.

턱끝이 뾰족하고
살이 없는 것도 변태.

질투를 잘 하는 상

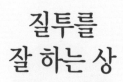

결후가 없는 남자.

결후

옆얼굴이 쑥 들어가
보이는 사람은 내향적이고
집념이 강하다.

중앙이 쑥 들어가고
비뚤어진 눈썹은 광기를
내면 무섭다.

이마가 좁고 턱이 가로로
크게 벌어지면 집요하다.

코밑수염이
나지 않는 남자.

미간에 팔자주름이
있는 사람은 공연한 의심이
많고, 궤도를 벗어난
방향으로 달린다.

툭 튀어나온 입은
질투가 많다.

귓불이 없으면
임신이 어렵다.

인중에 점·흉터·
사마귀가 있는 여자는
자궁에 장해가 있다.

눈밑이 통통하고 윤기가
나면 자식운이 좋다.

아랫입술에 세로로
주름이 있으면 남녀
모두 자식운이 좋다.

턱이 가냘픈 여자는
자식복이 없다.

이중턱은 자식운 ·
재운 · 모두 대길하다.

눈 주위에 점 · 사마귀가
있는 남자는 자식
걱정으로 고민한다.

부모·형제에 관한 상

이마 위쪽 중앙선 좌우에
흉터·검버섯·패인 곳이
있으면 부모와 일찍 사별한다.

눈썹이 치켜 올라가거나
내려가면 일찍 부모 중의
한쪽과 이별한다.

띄엄띄엄 이어진 눈썹은
형제·자매간의 우애가
좋지 않다.

눈썹이 아주 짙으면
형제 불화.

양쪽 눈썹의 길이가
많이 다르면 이복
형제 자매가 있다.

이곽(귀 중앙부)이 튀어나오면
일찍 부모로부터
떨어져 자립한다.

이곽

눈썹털이 소용돌이치면
어릴 때에 부모와 사별.

네모진 길쭉한 얼굴의
소유자는 고지식하다.

일자눈썹이고 입매가
다부지지 않으면 사소한
일에도 까다롭다.

미간에 세로로 주름이 하나
있는 사람은 고지식하다.
(단, 여자의 경우는 이혼운)

이마가 좁으면 세세한
점에도 구애받는다.

눈썹과 눈 사이가 좁은
사람도 고지식하다.

눈과 눈 사이가 아주
좁은 사람은 꼼꼼하고
깐깐하다.

눈썹이 짙고 미간이 좁은
사람도 고지식하고 깐깐하다.

질병이나
부상당할
상

안색이 희고 귀가
빨갛거나 검으면
내장에 질병이 있다.

귀에 윤기가 없고
마른 잎처럼 쭈그러드는
것은 중병의 징후.

초췌한 턱은 만년에
급병으로 쓰러지고
재기불능이 된다.

볼이 거무죽죽하면 암의
우려, 황색·갈색은 간장병에
주의할 것. 아주 빨간 것은
성병의 우려가 있다.

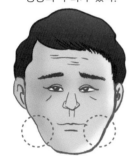

미간에 흉터나 오목한
홈이 있으면 숙명적인
부상을 입는다.

눈 흰자 위에 파란색이
끼는 것은 간장, 황색은
위, 빨간색은 심장·신장의
병으로 우려된다.

입술 밑 중앙에
점이 있으면 사고로
부상을 당한다.

장수하는
상

눈보다 길고 좌우가
가지런한 보기 좋은 눈썹은
심장이 튼튼하다.

팔자형 법령은 장수의
상이고 인망이 있다.

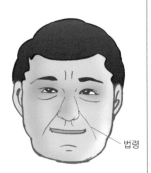

법령

콧구멍이 넓고
콧방울이 부푼 사람은
체격이 우수하다.

뒤통수가 튀어나온
사람은 튼튼한 체질.

살이 통통한 큰 귀는
장수의 상.

살이 찐 두툼한
턱은 장수하는 상.

코와 입 사이에 흉터나
주근깨가 없고 깨끗하면
장수, 만일 있다면 자궁 장해가
있거나 자식운이 좋지 않다.

성인병에
조심해야
할 상

눈과 눈 사이가 좁으면
중년 이후에 병이 생긴다.

오목눈이고 꼬리가 처진
눈은 체질이 약하다.

눈밑에 살이 없고
거무스름하면 나이가
든 후에 병이 생긴다.

코가 작으면
체격도 빈약하다.

법령이 입으로 들어가는
형은 암 계통의 질환이
발병하기 쉬운 체질.

인중이 가늘고 균형이
무너지면 질병에
시달리게 된다.

눈썹이 가늘고
짧으면서 띄엄띄엄
이어지면 병에 약하다.

대기 만성형의 상

복스러운 턱은 부동산운이 있어 만년에 대길.

볼이 복스러우면 가정이 원만하고 만년은 대길.

궁상인 홀쭉한 턱은 파산이나 급병으로 운이 깨진다.

이중턱은 재산을 모으게
되고 자식운도 좋다.

턱에 흉터가 있으면
만년에 재난을 만난다.

길고 복스러운 귀는
장수상이고 자식운도 좋다.

홈이 있는 턱은
인망이 있고
만년도 대길.

윗입술이 얇은 사람은
남의 일에는 무관심.

눈썹이 짧으면 자기
일만 생각하므로 고독.

뿌리가 가늘고
코 끝이 솟아오른 코는
아집과 욕심이 많다.

네모눈은 자기
이익만 생각한다.

볼만 유달리 발달한
것은 아집의 전형.

얇고 작은 귀는 마음이
너그럽지 못하다.

아랫입술이 튀어나온
사람은 고집불통이고 남과
잘 어울리지 못한다.

도량을
보는 상

미간이 넓으면
마음이 풍요롭다.

크고 길게 찢어진 눈은
남을 잘 배려해 준다.

볼과 턱이 모두
토실토실한 사람은
포용력이 있다.

라로운

상

윗눈꺼풀의 중앙
부분이 똑바른 사람일수록
까다로운 상.

인중의 폭이 넓으면
도량도 크다.

복스러운 볼은
마음씨가 온화하다.

의 양쪽이
〇을 이루는
의 소유자는
없다.

미간이 좁으면 좁을수록
생각과 마음이 좁다.

귀 가장자리가 두툼하면
곰상스럽게 굴지 않는다.

얼굴 생김새가 모두
옆으로 퍼진 사람은
포용력이 풍부.

협조성을
보는 상

눈썹꼬리와 눈꼬리가
멀수록 온화한 상.

코끝이 둥글면 다툼을
싫어하는 원만형.

광대뼈가 높으면
공격적이다.

입이 뾰족한 사람은
투쟁적인 경향이 많다.

직선이 아닌 약간 구!
눈썹은 남과 잘 화흡

까□

이마 경계선
역삼각형 예각
좁고 모난 이마
융통성이

눈썹이 지나치게
짙은 사람은 무슨 일에나
쉽게 구애받는 기질.

입가가 밑으로
내려쳐지는 사람은
완고한 상.

미간에 2개 이상의
세로 주름이 있는 사람은
까다로운 사람의 전형.

살이 없고 홀쭉한 턱은
모든 일에 엄격하다.

정직하고
성실한 상

일직선으로 단단하게
다물어진 큰 입은 견실형.

모가 난 넓은 턱은
사교성이 결여되고
화려한 일에는 부적당.

이마 아래쪽이 튀어나온
사람은 부단히 노력하는 형.

옆으로 넓게 벌어진
얼굴은 정직하고 성실.

오목눈은 화려함을
싫어하고 매사에 검소하다.

작은 눈은 꾸준히
노력하고 부지런한 사람.

인중이 윗입술 중앙부에
모여 있으면 성실한 사람.

눈이 큰 사람은
낭만주의자.

뽀족한 턱은
이상가 기질.

한일자 눈썹은 목적을
향해 정열적으로
일로매진하는 형.

가느다란 눈썹은
섬세한 사람.

M자형 이마는
독특한 꿈을 그리는
사람이 많다.

귓불이 없는 사람은
이상이 높다.

홈이 있고 끝이 갈라진
턱은 미래의 꿈을 그린다.

눈썹이 지나치게 짙은
사람은 사소한 일에
지나치게 신경을 쓴다.

예리한 이마의
머리선을 가진 사람은
신경질적인 상.

가로로 찢어진 큰 눈을 가진
사람은 신경질을 잘 낸다.

얇은 귀의 소유자는
신경과민이 많다.

역삼각형과 둥근형을
혼합한 얼굴은
신경질적인 사람이 많다.

미간이 지나치게
좁은 사람은 신경질적이다.

눈과 눈썹이 근접한 것도
신경질을 많이 내는 상.

히스테리를
잘 부리는
상

코의 중단부가
극단적으로
솟아오른 사람.

광대뼈에 살이 얇고
볼록 튀어나온 사람.

띄엄띄엄 이어진
직선 눈썹을 가진 사람.

눈꼬리가
치솟은 사람.

관자놀이에 흉터나
주근깨가 있는 사람.

이마 상부가
뒤로 젖혀진 사람.

윗입술이
매우 얇은 사람.

미간이 좁은
사람은 성급하다.

축 늘어진 입의
소유자는 인내력이 없다.

귓불이 없는 사람은
모든 일에 끈기가
이어지지 않는다.

짧은 코는 차분하게
생각하지 못한다.

눈이 튀어나온 사람은
통찰력은 있어도
끈기가 없다.

광대뼈가 튀어나오면
행동적이지만 성급하다.

띄엄띄엄 이어지고
물결 모양의 눈썹은
변덕스러운 성격.

모난 이마의 여자는
자기 주장이 강해 남의
말에 좌우되지 않는다.

눈동자가 작은
사람은 완고하다.

인중이 길면 남의
말을 듣지 않는다.

꼬리가 올라간 가는 눈의
소유자는 끈기가 있다.

네모난 턱은
인내심이 강하다.

입술 양끝이 내려처진
사람은 웬만한 일로
포기하지 않는다.

눈썹꼬리가 치켜올라간
사람은 끈기가 있다.

눈두덩에 살이 찌면 장애를
두려워하지 않고 극복해
나가는 힘이 강하다.

입이 작으면 심약하지만
작아도 다부지면 의외로
대담무쌍한 면을 보인다.

편평한 이마는 적극적으로
나아가는 타입이다.

굵고 꼬리가 치켜올라간
눈썹은 신속하게 행동에
나선다.

일자눈썹은 어떤
일에나 겁내지 않고
용감하게 전진한다.

콧구멍이 옆으로 넓게
벌어진 것은 어떤 일도
겁내지 않는 용감한 사나이.

코의 중앙부가 솟아오른
것은 용기가 넘치는 모습.

인정이 많은 상

아래위 모두가
두꺼운 입술은
정이 깊고 성실하다.

눈꼬리가 처져
눈썹과 거리가
멀수록 인정이 많다.

긴 턱끝이 둥글고
앞으로 조금 내밀어져
있으면 성심성의를 다한다.

볼이 복스러운 여자는
애정이 두텁다.

이중턱은
인정미가 넘친다.

입술에 세로로 주름이
있으면 인정미가 풍부.

옆으로 찢어진
상냥한 눈은
동정심이 많은 사람.

재난을
당할 상

광대뼈의 좌우가 심하게
불균형을 이루면 중년에
운세의 좌절이 있다.

극단적으로 높게
튀어나온 결후(울대)는
재난·급사의 상.

입술이 검어지면
수난을 당하게 된다.

법령이 도중에 끊어지면
사업상의 실패가 있다.

법령

광대뼈에 흉터·점이
있으면 이성과의
다툼이 예상.

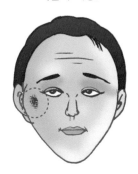

턱에 흉터가 있으면
만년에 재난을 당한다.

코뿌리에 가로로 주름이
생기면 바람을 피우거나
불륜이 진행중이다.

눈동자가 위로 달라붙고
(삼백안) 옆으로 핏줄이
하나 선 눈에는 살기가 있다

찢어지지 않고 동그란
눈은 태연하게 나쁜
일을 저지른다

아래턱과 아랫입술이
튀어나오면
시기심이 강하다

좌우의 균형이 안 잡힌
얼굴은 뺀질이

이마 위쪽의 피부가
깔쭉깔쭉하면 반항심이
강하고 운세도 나쁘다.

눈과 눈썹이 평행해서
근접하는 것은 무슨 일을
저지를지 모른다.

지나치게 큰 턱의
소유자는 의지를
조절하지 못한다

좌우의 눈동자가 어긋나
있는 눈(사팔뜨기).

통방울눈(왕눈)은 예사로
남을 배신한다.

입술 아래위가
잘 맞지 않는 사람은
거짓말이 많다.

코가 심하게
구부러진 사람.

눈끝이 삼각눈이고
턱이 쪼뼛한 얼굴은 자기
억제가 불가능하다.

혀를 날름날름 내미는
사람은 신용 불량자.

턱이 삐뚤어진 사람은
은혜를 원수로 갚는다.

금전 운이 트이는 상

미간에서 이마에 걸쳐 윤기가 나고 밝은 색이 선명할 때는 대길하다.

미간에 밝은 분홍빛이 나면 생각지도 않던 돈이 굴러 들어온다.

눈꼬리 위에 밝은 분홍빛이 날 때는 돈마련(자금 융통)이 잘 된다

광대뼈가 티없이
깨끗한 빛깔과 색채일
때는 길하다.

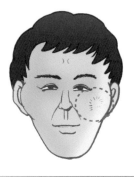

눈과 미간 사이의 색깔이
언제나 윤기 있는 밝은 색일
때는 유산을 받게 된다.

콧등에 밝은
분홍빛이나 황색이 나면
금전운이 트인다.

코와 입술 사이에
윤기나는 밝은 분홍빛이
생기면 금전운이 대길.

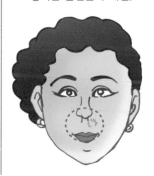

코 전체가 빨갛게
되면 돈이 없어진다.

코의 색깔이 추해진 느낌,
그리고 까칠까칠하거나
요철이 있으면 파산의 전조.

턱이 빈약하면 만년에
가재家財가 기울어진다.

콧방울에 붉은 반점이
생기면 의외의 지출이 있다.

콧구멍에서 붉은 줄이
나오면 재산 파탄의 상.

눈의 흰자위에 핏줄이
생기면 파산, 눈구석이나
눈꼬리에 생겨도
금전운은 나쁘다.

이마에서 내려온
거무스름한 선이 코까지
내려오면 사업이
정체되고 파산한다.

운이 상승하는 상

코 중앙부가 솟아오르면 중년에 크게 발전한다.

턱의 색깔이 윤이 나는 아름다운 분홍빛일 때는 부동산운이 길하다.

40세가 지나서 귀털이 길게 나오면 장수한다.

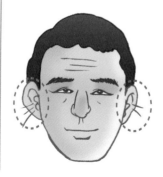

미간과 법령이 깨끗한
분홍빛일 때는 모든
것이 순조롭다.

법령

미간에서 이마 중앙부의
색이 티없이 아름다운
분홍빛일 때는 상승 운.

귀의 색깔이 윤이 나고
아름다울 때는 무슨 일을
해도 잘 된다.

법령이 아름다운
분홍빛일때는 희망이
이루어지는 때.

운이 점점 나빠지는 상

붉은 줄이 눈동자를
가로질러 섰을 때는
검난劍難의 상

이마 중앙에서 검은 선이
내려올 때는 사업상의
좌절이나 사고를 당할 상.

이마 양쪽에서 검은 선이
내려오면 이혼 등 신변에
이변이 일어난다.

눈 흰자 위에 격자
모양의 핏줄이 생기면
감옥에 들어갈 상.

눈 밑이 새까맣게
되면 급사할 상.

미간의 색이 어둡고
붉은 선이 나타나면
사고의 가능성이 높다.

입술이 비뚤어지기
시작하는 것은 만년이나,
1년 후의 흉사의 전조.

점點으로 보는 운세

까맣게 빛나고 모양이 좋은
것은 위치와 관계없이 길조.

색깔·모양이 나쁜 것은 흉
조에 해당하지만, 재난을 당
하면 그것이 액막이를 한다.

이마 중앙부에 있는
것은 강운이지만
과욕하면 좌절된다.

미간에 있는 것은,
위에서 누르면 반항하므로
외톨박이 이리형이다.

눈썹꼬리 위쪽에 있는
것은 초혼이 깨지는 상.

이마 한가운데에 있는 것은
재운은 있지만 재혼의 상.
참지 않으면 사고사의
가능성도 있다.

이마 중앙하부에
있는 것은 희망을
이루기 어렵다.

이마의 좌우상부에
있는 것은 불륜의 가능성.

눈썹 위 상중앙 이마에
있는 것은 파산운.

관자놀이 위쪽 경계선
부근에 있는 것은, 삼각관계와
여행지에서의 불운.

눈썹꼬리 쪽에 있는 것은
형제간의 우애가 좋지 않고
수난의 상.

눈썹 바로 위에 있으면
남에게 피해를 입는다.

눈썹머리에 있어도
형제간의 우애가 좋지 않다.

눈썹머리에 있는 것은
성정이 남보다 우수하지만,
형제간의 우애가 좋지 않다.

관자놀이 약간 위에 있는
것은 여행지에서 행운을
맞는다.

눈썹과 눈 사이에 있으면 질병,
이성과의 트러블. 코 중간쯤에
있으면 남편과 일찍 사별한다.

눈썹 중앙에 있으면 형제간의
우애가 좋지 않고 천재·화재
따위를 겪기 쉽다.

눈구석 밑에 있는 것은
재물을 잃는다. 고독운.

코 중앙에 있으면
남편과 일찍 사별한다.

아래눈꺼풀 중앙에 있으면
불륜·바람기의 상.

코 끝에 있는 것은, 남자는
호색한다. 여자는 과부상,
금전운도 나쁘다.

눈구석 옆에 있는 것은
이성과의 다툼으로 고민한다.
자식운도 좋지 않다.

눈 중앙 아래에 있는 것은
시기심이 강하고 이성과의
다툼이 생긴다.
아이들 일로 고민한다.

코끝 한쪽에 있는 것은
도박운이 나쁘다.

눈꼬리 바로 옆에 있으면,
남녀문제는 서로 상대방의
운세를 방해한다.
금전운도 나쁘다.

윗눈꺼풀 중앙에 있으면
기회를 놓치지 않고
성공하거나, 또는 가산을
잃는 길흉양면상

광대뼈 하부에 있으면,
산 점은 적극적이어서 성공,
죽은 점은 남의 반감을
사서 실패할 상.

윗입술 끝에 있는
것은 모두 기호. 과식으로
몸을 망친다

아랫입술 중앙 바로 밑에
있으면 음식에 의해 재난이
발생한다. 검은 점일 때는
남이 넣은 독극물을 먹을 상.

귓뿌리 바로 앞에
있는 것은 신용이 없는
사람. 도벽이 있다.

눈썹머리와 눈꺼풀
사이에 있으면
위장장애가 생긴다.

턱 가장자리에 있는 것은
성격이 급하지만, 타인을
리드하는 힘을 지닌다.

아랫입술 중앙에 있으면
의식주에는 불편이 없지만,
말에 조심할 것. 이성을
몹시 좋아하는 형.

인중 옆에 있는 것은 구설수가
많을 운세. 타인으로부터
성가신 일을 부탁받는다.

콧방울 밑에 있는 것은,
산 점은 평생 먹고 사는 데는
걱정이 없다. 죽은 점은
액으로 부자유스럽다.

콧방울 바로 옆에 있는 것은
주위의 천거로 출세한다.
여자는 신데렐라형.

눈썹꼬리 바로 옆에
있는 것은 금전의
운용이 능숙하다.

법령 중간쯤에 있는 것은
업무상의 좌절이 생긴다.
발의 질환 예상.

입가 바로 옆에 있는 것은
초혼으로 만족하지 않는다.
물로 인한 위험이 있다.

눈썹머리 바로 위에 있는
것은 남과 다투는 일이 많다.

턱의 중앙 끝에 있으면
좋은 부하를 거느리지 못하고,
자기 희망을 달성할 수 없다.

결후 부위에 있으면
자기본위이고 아집이 세다.

인중 하단에 있는 것은
우수한 자식을 갖게 된다.

귓불에 있는 것은 명성과
부를 누리는 길상.

발 밑바닥 중앙에 있는 것은
대길상. 입신출세한다.

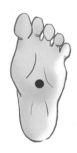

인중 상단에 있는 것은
자식을 많이 낳을 상.

인중 중간쯤에 있는
것은 재혼의 상.

손바닥 한가운데 있는 것은
길상. 남자는 출세. 여자는
부귀한 집안으로 시집간다.

귓구멍에 있는 것은
건강하게 오래 사는 장수상.

백운학의 생생한 그림으로 보는 관상도감

이런 남자를 여자를 만나야 잘 살 수 있다

펴낸이/이홍식 저자/백운한 그림/박형일
발행처/도서출판 지식서관 등록/1990.11.21 제96호
주소/경기도 고양시 덕양구 고양동 31-38
전화/(031)969-9311(대) 팩시밀리/(031)969-9313
e-mail / jisiksa@hanmail.net

초판 1쇄 발행일/2004년 3월 1일
초판 11쇄 발행일/2023년 1월 5일

백운학 선생
본명 김정태(金定泰)
아호 백운학
예명 패인학인(覇量學人)

15세에 조실 부(父)하고 16세에 도인을 만나 사주·관상·수상·주역·성명 등 특수비법을 배웠고, 의과대학에서 침구학을 저술한 안정상 선생을 만나 침구학과 한의학을 전수받고, 한국연술인협회 초대 회장인 이월해 선생을 만나 서예공부를 하고, 한국서화가예술대전에 출품하여 8번이나 입선.

16세에서 오늘날까지 오직 외길 인생 철학공부만 전념하여 지방각지에서 한 때 가는 곳마다 상담하는 사람이 인산인해를 이뤘으며 자해비전사주대관서에 성명학은 국내 제일인자로 소개되었고 KBS, MBC, 교통방송 등에 출연하였다.

● SBS 방송국《홍방불패》2002년 11월부터 2003년 10월까지만 1년간 출연

● **표창장과 감사장**
1993년 3월 7일 한국서화작가협회 회장 최영철
1972년 9월 11일 제2차 세계예언자대회 국제예상과학협회장
　　천야입랑
1995년 1996년 5월 12일 전국 싸이클연합회 최우수 선수상
　　회장 이소환
1985년 대통령하사기 쟁탈 전국 사회인 체육대회 장수부
　　1등 금상 수상

● **약 력**
1969년 12월 31일 : 한국역술인협회 영등포지부 이사
1970년 4월 6일 : 역술인연합회 중앙상무위원
1979년 9월 1일 : 한국역술인협회 중앙고문
1985년 1월 30일 : 한국역술인 수원지부 고문

백운학 철학관
(사무실)02)745-2057 (자택)02)744-7041